SUR

LE PROJET DE LOI

RELATIF A LA RESPONSABILITÉ
DES MINISTRES.

SUR
LE PROJET DE LOI

RELATIF

A LA RESPONSABILITÉ
DES MINISTRES.

OBSERVATIONS
PAR M. LE CARDINAL DE LA LUZERNE.

PARIS,

ADRIEN EGRON, IMPRIMEUR
DE S. A. R. MONSEIGNEUR DUC D'ANGOULÊME,
rue des Noyers, n° 37;

POTEY, Libraire, rue du Bac, n° 46.

1817.

Le système qui soumet les Ministres du Roi à la responsabilité envers les Chambres, pour tous les actes de l'administration, est, selon moi, non seulement faux dans son principe, et contraire à la Charte constitutionnelle, mais funeste dans ses effets, destructif de l'autorité tutélaire du Roi, et par là même de la monarchie. J'ai essayé de prouver cette essentielle vérité dans deux écrits que j'ai publiés, et il n'y a pas été répondu ; mais il s'est reproduit dans la dernière session, muni de la respectable autorité de M. le garde des sceaux, chef de la justice : il a été présenté en forme de projet de loi, et développé dans un discours prononcé par le ministre. Plus cette autorité est grave, plus il est nécessaire de prémunir contre la dangereuse erreur où elle entraînerait. Les raisons alléguées par M. le garde-des-sceaux étant les mêmes que celles qui avaient été précédemment produites, j'espère

qu'on ne trouvera pas mauvais que je répète les ré-
ponses que j'y ai faites précédemment, et auxquelles on n'a donné aucune solution.

Je ne discuterai de la loi proposée que deux articles : le premier, qui déclare les Ministres responsables de tous les actes de leur administration ; et
le quatrième, qui, dans son dernier alinéa, met au
rang des trahisons l'atteinte portée aux droits consacrés par quatre articles de la Charte.

Je commence par l'article 1er. Il est conçu en ces
termes :

*Conformément à l'article 13 de la Charte
constitutionnelle, tous les Ministres sont responsables.*

*Chaque Ministre est responsable de tous les
actes du gouvernement dans le département qui
le concerne.*

Cet article a deux parties. La première pèche en
ce qu'elle ne dit pas ce qu'elle *veut* faire entendre.
Elle ne dit pas que c'est aux Chambres que, d'après
l'article 13 de la Charte, les Ministres sont responsables ; mais il est évident, par tout le discours de
M. le garde-des-sceaux, qui a développé la loi,
que le sens réel, quoique non exprimé, de l'article,
est que tous les Ministres sont responsables aux
Chambres.

La seconde partie du même article donne à la
responsabilité des Ministres une grande extension
en déclarant qu'ils sont responsables de tous les
actes de leur administration ; ce qui, d'après le sens
donné à la première partie de l'article, et d'après
tout le discours explicatif du Ministre, dit impli-
citement que, conformément à l'article 13 de la

Charte, les Ministres sont responsables aux Chambres de tous leurs actes ministériels.

Or, je demande pourquoi ne pas s'exprimer franchement ? Pourquoi ne pas dire nettement que l'article 13 de la Charte soumet les ministres à une responsabilité universelle envers les Chambres ? La raison est facile à saisir : c'est que l'article 13 de la Charte ne le prononce pas. Il énonce simplement que *les Ministres sont responsables.* Ce qui n'exprime ni en quoi, ni sur quoi ils le sont. Le premier article du projet de loi pèche donc d'abord en ce qu'il sous-entend ce qu'*il n'ose pas* énoncer clairement ; en ce que la lettre de l'article n'est pas la même chose que le sens de l'article ; ce qui est contre le caractère essentiel de la loi, qui doit être nette, claire, franche, sans ambiguité, sans réticence, sans dissimulation.

Ici je dois faire encore une observation de la plus haute importance. L'article second du projet de loi de M. le garde-des-sceaux est ainsi conçu : *Conformément aux articles* 55 *et* 56 *de la Charte constitutionnelle, la Chambre des Députés a le droit d'accuser les Ministres pour faits de trahison et de concussion, et de les traduire devant la Chambre des Pairs, qui seule a droit de les juger.*

Quand une loi en cite une autre antérieure, elle doit la citer avec une stricte exactitude. Mais la citation qui est faite ici des articles 55 et 56 de la Charte n'est nullement exacte. Ces articles n'énoncent pas seulement que les ministres peuvent être accusés par la Chambre des députés pour faits de trahison et de concussion ; ils définissent positivement et textuellement que les Ministres ne peuvent être accusés que dans ces deux cas. Pourquoi cette différence d'expressions ? Pourquoi changer un texte, et le rendre général, tandis qu'il est restrictif ? Pourquoi omettre la restriction, qui fait une partie essentielle de la loi ? Le motif est encore facile à sentir : on veut donner aux accusations contre les Ministres une extension que la Charte réprouve expressément.

J'examine maintenant les raisons sur lesquelles on fonde cette responsabilité universelle. Elles sont de trois sortes. On allègue :

La nature de la chose,

Le texte de la Charte,

L'intérêt de l'Etat.

On fait d'abord ce raisonnement : Nous vivons sous un gouvernement représentatif. Or, il est de l'essence d'un gouvernement représentatif que les Ministres soient responsables aux Chambres de toute leur administration. Donc ils le sont.

Avant d'entrer dans la discussion de ce raisonnement, je ferai une observation qui me paraît importante. Si nous avons un gouvernement représentatif, c'est certainement par la Charte qu'il a été établi. Les apôtres de ce gouvernement en conviennent, et ils ne pourraient pas trouver d'autre appui à leur système que la Charte. Mais si la Charte a fondé un gouvernement représentatif, comment se fait-il qu'elle n'en parle aucunement ? qu'on n'y lise pas un seul mot qui y soit relatif ? Qu'on parcoure la Charte article par article, on n'y trouvera nulle part les expressions de gouvernement représentatif, de représentation, de représentans. Il semble que le royal auteur de la Charte ait affecté d'éviter ces expressions. Toute loi doit énoncer en termes clairs et positifs ce qu'elle établit. Notre loi constitutionnelle n'énonce rien sur le gouvernement représentatif: elle ne l'établit donc pas.

Je reprends les deux propositions dont est composé l'argument par lequel on prétend prouver le système de la responsabilité universelle des Ministres.

La première est que nous avons actuellement en France un gouvernement représentatif.

J'entends continuellement beaucoup de gens répéter que nous sommes sous un gouvernement représentatif, et je n'ai jamais entendu personne, je n'ai jamais lu aucun ouvrage qui donnât la définition nette et précise de ce mot. La raison est que beaucoup de ceux qui répètent cette phrase n'y attachent pas une idée précise, et que ceux qui y attachent un sens positif s'en forment des idées différentes. Il est nécessaire, avant tout, de fixer le sens strict du mot gouvernement représentatif, et de montrer ensuite les autres sens moins exacts qu'on peut y attacher.

Selon la signification naturelle et littérale du mot, le gouvernement représentatif est celui qu'exercent des représentans de la nation, c'est-à-dire des hommes qui ont reçu de la nation des pouvoirs à l'effet d'agir pour elle ; ce que l'on appelle des mandats. Il est absurde d'admettre dans le sens strict un gouvernement représentatif sans représentation, une représentation sans représentans, des représentans sans mandats donnés par des commettans. Les idées de commettant, de mandat, de représentant sont des idées corrélatives qu'il est impossible de séparer. Une représentation sans commettant et sans mandat serait un effet sans cause. Dans l'ancien régime, lorsque les Etats-Généraux étaient assemblés, il y avait un gouvernement représentatif proprement dit. Les députés de chaque ordre avaient reçu de l'assemblée de leur ordre des pouvoirs et des mandats, et même des instructions. Dans le régime actuel. il n'y a pas de semblables représentans. D'abord, les pairs siégent et délibèrent dans leur Chambre uniquement en vertu de la nomination du Roi : ils n'ont d'aucune partie de la nation ni mandats, ni instructions, ni même mission. Comment peut-on les dire, dans le sens propre du mot, représentans de la nation ? Quant aux députés des départemens, ils ont une mission, puisqu'ils sont choisis par les colléges électoraux, à l'effet d'assister à la Chambre, et d'y délibérer ; mais ils ne reçoivent d'eux ni mandats, ni même instructions. Il est expressément défendu de leur en donner. Ils ne sont donc pas, à parler proprement, les représentans de la nation. Il n'y a donc pas, selon la signification stricte du mot, de gouvernement représentatif.

Mais ne peut-on pas dire, dans un second sens moins littéral et moins strict, que nous avons un gouvernement représentatif, et que les députés des départemens sont de vrais représentans de la nation ?

Je réponds que, la dénomination de gouvernement représentatif, entendue dans ce sens, est d'abord impropre, ensuite très-dangereuse.

En premier lieu, c'est à tort que l'on confond la notion de député avec celle de représentant, et qu'on veut faire de ces deux mots des synonymes. Il y a entre l'un et l'autre une grande différence. Le député est un homme qui a reçu d'un autre une mission pour un objet quelconque. Le représentant est celui qui non seulement a reçu une mission, mais, ainsi que je l'expliquais tout à l'heure, dont la mission renferme un mandat, un pouvoir d'agir au nom de son commettant. Je vous envoie porter à quelqu'un des complimens, des nouvelles ; vous êtes mon député. Si ensuite je vous donne le pouvoir de traiter en mon nom une affaire soit conjointement, soit contradictoirement, vis-à-vis de cette personne, vous devenez mon représentant envers elle. De ces notions simples et claires, il s'en suit que tout représentant est député, mais que tout député n'est pas représentant. D'où résulte cette conséquence ultérieure, que les membres de la seconde Chambre, de ce qu'ils sont députés des départemens, ne peuvent pas être, à proprement parler, appelés les représentans de la nation.

En second lieu, j'ajoute que le système qui, du titre de députés des départemens, infère que nous avons un gouvernement représentatif, est du plus imminent danger, en ce qu'il concentre la représentation nationale dans une seule Chambre. Pour le montrer, je n'ai besoin d'autre preuve que de l'expérience constante. Dans tous les temps, la représentation nationale placée dans une seule assemblée, a causé les désastres des monarchies : ce fut cette funeste prétention qui, en France sous le roi Jean, en Angleterre sous Charles Ier, causa les terribles malheurs de ces deux royaumes ; c'est encore celle-là qui, renouvelée en 1789, a engendré la criminelle révolution de laquelle sont résultés tous les maux qui ont désolé la France pendant vingt-cinq ans, et qui pèsent encore sur elle. Le même principe amènerait indubitablement tôt ou

tard les mêmes conséquences; la même cause pro-
duirait les mêmes effets.

Une troisième manière d'entendre le gouvernement représentatif, est de dire que le Roi, qui était
le représentant unique de la nation, en créant les
deux Chambres, les a associées à son gouvernement, et, par là, en a fait, conjointement avec lui,
les représentans de la nation.

Ce système pêche par le principe. L'idée que le
Roi soit le représentant de la nation était inconnue
à tous les siècles de notre monarchie. Elle a été
imaginée au commencement de la révolution, pour
établir l'affreux principe de la souveraineté de la
nation, et pour mettre en dogme que la nation,
toujours souveraine, avait droit de modifier, de
restreindre, de supprimer le pouvoir du représentant qu'elle s'est donné. Les suites qu'amena
cette prétention sont connues ; certainement on ne
veut pas les renouveler.

Ainsi quelle que soit celle des significations pré-
cises qu'on veuille donner au mot gouvernement
représentatif, soit qu'on l'entende dans son sens
strict, soit qu'on lui donne une interprétation moins
propre, ce mot n'est point applicable au gouvernement de France, et il est très-dangereux de l'y appliquer.

Outre l'expression de gouvernement représentatif, il y en a une autre dont on abuse pareillement,
pour en tirer la même conséquence de la responsabilité universelle des ministres. On dit que nous
avons une monarchie constitutionnelle; on donne à
ce mot le même sens qu'au mot gouvernement représentatif : on en fait deux synonymes.

Il y a cependant entre les deux une grande différence. Dans le sens strict de l'expression, toute monarchie est constitutionnelle; parce que toute monarchie a une constitution quelconque. Un royaume ne peut pas plus exister sans une constitution, qu'un homme ne peut vivre sans avoir un tempérament; mais de même que dans le cours de la vie, le tempérament de l'homme change plusieurs fois, de même, dans le cours des siècles pendant lesquels subsiste une monarchie, sa constitution éprouve des changemens. Si les variations dans le tempérament de l'homme s'opèrent insensiblement et graduellement, elles n'altèrent point sa santé et sa vigueur; mais si c'est une cause subite, un accident, une maladie qui altère le tempérament, il en résulte des maux graves, et quelquefois la mort; pareillement, les changemens de constitution qu'amènent graduellement et comme imperceptiblement les circonstances, soit intérieures, soit extérieures de l'Etat, ne lui causent aucun dommage. Mais si c'est par des moyens brusques, violens, que l'on change la constitution du pays, il en résulte toujours des troubles qui peuvent entraîner la ruine de l'Etat.

Sil est vrai que tout Etat monarchique ait une constitution, il n'est pas également vrai que tout Etat ait une constitution écrite et rédigée dans ce qu'on appelle une Charte. Dans le fait, plusieurs Etats n'en ont pas, et leur constitution consiste dans des principes reconnus d'antiquité, qui fixent l'autorité du souverain et les droits du peuple. Telle était la France avant la révolution; et la France n'en était pas moins florissante, pas moins respectée au dehors, pas moins tranquille et heureuse au dedans. Le Roi a jugé dans sa sagesse que les circonstances exigeaient qu'il donnât à son peuple une Charte constitutionnelle. Si c'est à ce titre qu'on dit que nous vivons sous une monarchie constitutionnelle, si on entend par monarchie constitutionnelle celle qui est régie par une constitution écrite, par opposition à celle dont la constitution n'est pas écrite, je ne m'y oppose pas; mais en admettant cette interprétation, je dis :

1° Il peut et il doit y avoir autant de monarchies constitutionnelles qu'il peut y avoir de constitutions écrites diverses; car je n'imagine pas que l'on prétende que tous les États doivent avoir la même constitution écrite.

2° Il résulte de là que le mot monarchie constitutionnelle, et le mot gouvernement représentatif ne présentent pas la même idée, puisque la constitution écrite peut très-bien ne pas appeler au gouvernement des représentans de la nation. Si on me nie cette vérité, je la prouverai par l'exemple tranchant du Danemarck.

3° On ne peut pas non plus, de la monarchie constitutionnelle, inférer la responsabilité des Ministres à d'autres qu'au Roi, puisque la constitution écrite peut très-bien ne pas établir cette responsabilité.

Je crois avoir suffisamment répondu à la première proposition de l'argument sur lequel on fonde la responsabilité universelle des Ministres aux Chambres, et montré que nous n'avons pas en France un gouvernement représentatif, quelque sens, soit strict, soit impropre que l'on donne à ce mot. Je passe à la seconde proposition de l'argument, laquelle consiste à dire qu'il est de l'essence du gouvernement représentatif que les Ministres soient responsables aux Chambres de tous les actes de leur administration.

Je demande d'abord comment des personnes, qui ne s'accordent pas sur la notion du mot gouvernement représentatif, peuvent tomber d'accord sur la conséquence de cette notion. De ceux qui emploient cette expression, beaucoup n'y attachent pas une idée précise : ils la répètent, parce qu'ils l'ont entendu répéter à d'autres ; ceux là certainement ne sont pas fondés à tirer une conséquence précise d'un principe qui dans leur tête ne l'est pas. Ceux qui se forment une idée positive du gouvernement représentatif, s'en forment des idées différentes. Ils attachent la représentation nationale , les uns au Roi et aux deux Chambres, les autres aux deux Chambres ; d'autres enfin seulement à la Chambre des députés. Comment, de ces principes divers, peut-il résulter une même conséquence ? Avant de soumettre les Ministres à la responsabilité universelle envers les représentans de la nation, il faut commencer par déterminer positivement quels sont ces représentans.

Mais voici qui est plus décisif encore. Avant d'établir que les Ministres sont responsables de la totalité des actes de l'administration, il faudrait prouver que les Chambres , non seulement représentent la nation, mais qu'elles la représentent pour l'administration, et même pour toutes les parties de l'administration. Je m'explique : une représentation peut être totale ou partielle ; un homme peut être le représentant d'un autre pour la totalité de ses affaires, ou seulement pour quelques-unes, et même pour une seule de ces affaires. Le Roi a chez les puissances étrangères des ambassadeurs chargés de

toutes ses relations avec ces puissances ; mais il ar‑
rive souvent que, sur quelque affaire particulière,
le Roi envoye un délégué spécial chargé de la trai‑
ter ; ce délégué a, de même que l'ambassadeur,
le caractère de représentant du Roi, mais il ne l'est
que partiellement, que pour une seule affaire, et il
n'a pas le pouvoir de se mêler des autres, qui ne
lui sont pas confiées.

Ce principe posé, je veux bien pour un moment
supposer, sans l'admettre, que les membres, ou
d'une seule Chambre, ou des deux Chambres, sont
les représentans de la nation ; mais il reste à exa‑
miner s ils sont ses représentans sur la totalité du
gouvernement ; spécialement si leurs pouvoirs en
cette qualité s'étendent à l'administration, et à
toute l'administration Que l'on veuille que ce soit
le Roi, ou que ce soient les assemblées électorales
qui les aient constitués représentans, ils ne le sont
que sur les objets dont le Roi ou les assemblées
électorales les ont chargés. Or, le Roi ne leur a
donné de pouvoirs que ceux qu'il leur a conférés
par sa Charte. Les assemblées électorales n'ont pas
pu donner à leurs députés des pouvoirs plus éten‑
dus que ceux qui leur sont attribués par la Charte,
puisque ce n'est qu'en vertu de la Charte qu'elles
ont pu les députer. Donc, en supposant les mem‑
bres des Chambres représentans de la nation, ils ne
le sont que par la Charte, et dans la mesure dans
laquelle la Charte les a faits tels.

La question consiste donc à savoir si la Charte
donne aux Chambres une part à l'administration ; si
elle les autorise à surveiller l'administration, à se
faire rendre compte des actes de l'administration.

D'abord, pour qu'on pût croire qu'un pouvoir

aussi vaste, aussi important pour tout l'ordre du gouvernement, aussi dangereux par l'abus qui peut en être fait, est conféré aux Chambres par la Charte, il faudrait qu'il fût exprimé dans la Charte en termes bien positifs et bien clairs. Or, certainement on ne lit nulle part dans la Charte en termes exprès l'assujétissement des Ministres à rendre compte aux Chambres de la totalité de leurs actes administratifs ; et ceux qui le prétendent sont obligés de l'inférer d'expressions très-vagues.

Ensuite l'article 13 de la Charte dit positivement qu'*au Roi seul appartient la puissance exécutive ;* ce qui exclut absolument toute autorité, toute surveillance, toute influence étrangère à lui sur la manière dont est exercée cette puissance.

Que l'on dise donc, si on le veut, que sur la partie de la législation et de l'impôt à laquelle les Chambres ont part, elles sont des représentans ; c'est tout au plus ce que l'on pourrait prétendre : mais il est contraire à toute raison, à tout droit d'abuser du mot gouvernement représentatif, pour conclure d'une représentation qui, si elle est réelle, ne peut être que partielle, une autorité universelle.

Ce que je viens de dire me conduit à l'examen du second motif sur lequel on fonde la responsabilité universelle des ministres. Il consiste à dire que cette responsabilité est établie par la Charte constitutionnelle. Et quels sont donc les articles de la Charte qui l'établissent ? Il n'y en a que trois qui soient relatifs à la responsabilité des Ministres.

Art. 13. La personne du Roi est inviolable

(18)

*et sacrée. Ses Ministres sont responsables.
Au Roi seul appartient la puissance exécutive.*

*Art. 55. La Chambre des députés a le droit
d'accuser les Ministres, et de les traduire devant la Chambre des pairs, qui seule a droit de
les juger.*

*Art. 56. Ils ne peuvent être accusés que pour
fait de trahison ou de concussion. Des lois particulières spécifieront cette nature de délits,
et en détermineront la poursuite.*

M. le garde-des-sceaux, dans son discours,
pag. 9 et suiv., ne cite de l'art. 13 que ces mots :
Les Ministres sont responsables. « Principe,
« ajoute-t-il, d'où découle tout le reste; qu'il im-
« porte de saisir dans toute son étendue, et de
« suivre dans ses différentes acceptions. Ce se-
« rait s'abandonner à une notion commune, mais
« fausse, que de considérer la responsabilité des
« Ministres comme n'étant réelle qu'autant qu'elle
« peut donner lieu à une accusation juridique. Ce
« serait mal connaître la nature du gouvernement
« représentatif, et en envisager les garanties sous
« un point de vue trop étroit. Pour bien com-
« prendre et bien juger ces garanties, il faut s'é-
« lever à des considérations plus hautes ; et d'abord
« on doit distinguer la responsabilité générale du
« gouvernement de la responsabilité personnelle
« et juridique de chaque Ministre. La première de
« ces responsabilités, nous ne craignons pas de le
« dire, est bien autrement importante, et n'est pas
« moins réelle que l'autre. Elle existe par cela seul
« que le gouvernement est obligé d'obtenir pour
« ses actes principaux, pour les actes sans lesquels

« il serait réduit à l'inaction et à l'impuissance, l'as-
« sentiment des deux Chambres. Telle est la res-
« ponsabilité générale et constante qui s'attache à
« tous les pas du gouvernement, qui le modifie
« sans cesse, le poursuit partout, l'investit de
« toutes parts, et à laquelle aucune loi ne peut rien
« ajouter; car elle résulte de la nature même de
« nos institutions et de la seule coexistence des
« pouvoirs constitutionnels. Chaque ministre a sa
« part de cette responsabilité permanente et iné-
« vitable. »

Je demande comment d'un mot aussi indéfini,
aussi susceptible de plusieurs significations que
celui-ci, *les Ministres sont responsables,* on
peut dire que tout découle? Comment de cette
courte phrase, où il n'est fait aucune mention des
Chambres, peut-on inférer que c'est aux Chambres
que les Ministres sont responsables? Comment
peut-on en conclure qu'ils le sont, aux Chambres,
de tous les actes de leur administration? Comment
peut-on voir dans ces quatre mots une responsabilité « qui s'attache à tous les pas du gouvernement,
« qui le modifie sans cesse, le poursuit partout,
« l'investit de toutes parts »? Certes, ces vastes,
ces sévères conséquences, ne sont pas renfermées
dans un principe aussi vague. Pour imposer, je le
répète, à un citoyen une obligation quelconque, il
faut une loi claire et précise; et une obligation aussi
grave en elle-même, aussi étendue dans ses résul-
tats, aussi importante dans son objet, aussi terrible
dans ses effets, serait attirée sur la tête des Ministres par quatre seuls mots dont aucun n'énonce tout
cela.

J'ai dit que ces mots, *les Ministres sont res-*

ponsables, peuvent avoir plusieurs significations. En effet, comme je l'ai exposé ailleurs, ils sont véritables, soit qu'on veuille que les Ministres soient responsables aux Chambres, soit qu'on entende qu'ils le soient au Roi seul ; soit qu'on prétende qu'ils sont responsables de tous leurs actes administratifs, soit qu'on reconnaisse qu'ils ne le sont que sur quelques-uns de ces actes. Quelle singulière logique, que celle qui, d'un mot susceptible de divers sens, tire une conséquence absolue et tranchante !

Mais ensuite, ainsi que je l'ai exposé ci-dessus, les paroles qui, dans l'art. 13, suivent immédiatement celles que rapporte M. le garde-des-sceaux, réfutent démonstrativement son système. *Au Roi seul appartient la puissance exécutive.* Si c'est au Roi *seul* qu'elle appartient, aucun autre que lui n'y a droit. Il répugne dans les termes qu'une puissance appartienne uniquement au Roi, et qu'une autre puissance, supérieure au moins en ce point à la sienne, ait droit de s'y ingérer ; de se faire rendre compte de la manière dont il l'exerce, ou la fait exercer ; d'inspecter, de contrôler, de juger les actes qu'il fait ou qu'il ordonne de faire de ce pouvoir, exclusivement réservé à lui *seul.*

Il résulte de tout ceci, sur l'art. 13 de la Charte, 1° que, dans les paroles citées par M. le garde-des-sceaux, il n'établit pas la responsabilité universelle ; 2° que dans les paroles omises par le Ministre, il exclut formellement cette responsabilité.

Les articles 55 et 56 de la Charte forment une exception à l'art. 13. Ils prononcent, comme je l'ai déjà observé, non seulement ce qu'énonce le projet de loi, que les Ministres peuvent être accusés par la Chambre des députés, et jugés par celle des pairs, pour faits de trahison et de concussion, mais encore, ce que le projet de loi dissimule, que les Ministres ne peuvent être accusés que pour ces deux faits. De là résultent deux raisonnemens, qui me semblent péremptoires :

1° De ce que le royal auteur de la Charte établit deux seuls cas où ses Ministres sont responsables, il s'en suit clairement qu'il ne veut pas qu'ils le soient dans tous les cas.

2° Il y a plus : le souverain législateur a prononcé textuellement que ce ne peut être que sur deux seuls faits, et nullement sur d'autres, que les Ministres peuvent être accusés. Il a formellement restreint leur responsabilité à ces deux cas.

Embarrassés d'un texte aussi clair, aussi positivement restrictif, les partisans de la responsabilité universelle ont imaginé deux différentes responsabilités auxquelles ils soumettent les ministres. « On « doit (dit M. le garde-des-sceaux) distinguer la « responsabilité générale du gouvernement de la « responsabilité personnelle et juridique de chaque « ministre. La première de ces responsabilités, « nous ne craignons pas de le dire, est bien autre- « ment importante, et n'est pas moins réelle que « l'autre. Elle existe par cela seul que le gouverne- « ment est obligé d'obtenir pour ses actes princi- « paux, pour les actes sans lesquels il serait réduit « à l'inaction et à l'impuissance, l'assentiment des « deux Chambres. »

Avant d'entrer dans la discussion du fond de ce système, qui assujétit les Ministres à deux responsabilités diverses, je demande qu'est-ce que cette responsabilité générale *du gouvernement,* différente de la responsabilité personnelle et juridique de chaque Ministre? Cela veut-il dire que le gouvernement entier, que tous les Ministres sont responsables des faits de chacun d'entre eux? Ce serait une évidente iniquité d'imputer des fautes à des hommes qui n'y auraient eu aucune part : si ce n'est pas là le sens de la responsabilité générale du gouvernement, je ne comprends pas quel il est.

Ce système d'une double responsabilité ministérielle pèche d'abord en ce qu'il n'a aucun fondement dans la Charte. Certes, si le législateur, qui a exprimé d'une manière si formelle, si positive, la responsabilité juridique de ses Ministres envers les Chambres, sur les seuls faits de concussion et de trahison, avait voulu soumettre de même ses Ministres à l'autre genre de responsabilité, il l'aurait énoncé aussi expressément, aussi clairement; il l'aurait d'autant plus prescrite, que cette responsabilité si universelle est, et M. le garde-des-sceaux le déclare, bien autrement importante que l'autre. Selon lui c'est la responsabilité d'une moindre importance qui est textuellement prononcée par la Charte; tandis que la responsabilité, d'une plus haute importance, n'est énoncée nulle part, et qu'il est forcé de la tirer par voie d'illation de cette phrase courte, vague, susceptible de plusieurs sens, *les Ministres sont responsables.*

Je propose ensuite une autre question. Cette responsabilité, que M. le garde-des-sceaux dit être « permanente et inévitable, dont chaque Ministre « a sa part, qui accompagne nécessairement le « pouvoir qui lui est confié, ne s'en sépare jamais, « et influe plus que toutes les lois sur la manière

« dont il l'exerce ; car il n'est aucun de ses actes,
« aucune de ses propositions, qui ne puisse lui en
« faire sentir le poids. » Je demande quel sera l'effet de cette grave responsabilité vis-à-vis des Chambres ; que pourront elles faire en vertu de l'autorité
qu'on leur attribue ? Je suppose que la Chambre
des Députés ait ordonné à un ministre de lui rendre
compte d'un acte de son administration, qui ne
tienne ni à trahison ni à concussion ; le Ministre
ou aura refusé le compte, ou en aura rendu un qui
ne satisfait pas : dans ce cas, que devra, que pourra
faire la Chambre ? Accusera-t-elle le Ministre ? le
jugera-t-elle ? Je ne vois que ces deux manières
dont elle puisse agir contre lui. D'abord il est évident qu'elle n'a pas droit de le juger : elle n'est
point un tribunal ; elle n'a ni forme de procédure
judiciaire, ni pouvoir d'infliger des peines : elle ne
pourra pas non plus intenter contre ce Ministre une
accusation, l'article 56 de la Charte lui interdit,
dans les termes les plus absolus, excepté dans les
cas de trahison ou de concussion, toute accusation
quelconque contre les Ministres, à quelque autorité
qu'elle soit portée, sous quelque forme qu'elle soit
produite. De là résulte un raisonnement bien simple.

Ou la responsabilité universelle, différente de la
responsabilité juridique, qu'on impose aux Ministres, ne les soumet pas à des accusations par les
Chambres ; et alors elle est illusoire, sans but, et
sans effet : ou elle amène des accusations par les
Chambres sur tous les actes ministériels ; et, dans ce
second cas, elle est diamétralement opposée au
texte exprès de la Charte.

Mais il paraît, par le discours de M. le garde-des-
sceaux, que c'est cette accusation, si expressément

proscrite par la Charte, qu'il veut établir. « Devant
« ce tribunal solennel (dit-il) les accusateurs ne
« manquent pas, et tout y devient sujet d'accusa-
« tion » Plusieurs autres phrases du même discours
présentent encore la même idée.

Et quel sont donc les délits qui donneront lieu à
cette terrible accusation ? Quelle loi la déterminera ?
car il n'y a de délit que ce qui est contraire à la loi ;
tout ce que la loi ne défend pas est permis. Mais,
dans ce qui concerne la responsabilité des Ministres,
ce principe sacré, essentiel aux citoyens pour leur
sûreté, aux juges pour le repos de leur conscience,
sera violé comme tous les autres. Entendons encore
sur cela M. le garde-des-sceaux « Cela nous révèle
« encore, entre la responsabilité générale et la res-
« ponsabilité juridique des ministres, une diffé-
« rence essentielle. C'est que la première, com-
« pagne inséparable du pouvoir, ne saurait être dé-
« finie ni restreinte par des lois, et demeure entière
« dans l'ordre politique, quoiqu'elle ne puisse trou-
« ver place dans l'ordre de la jurisprudence....... Si
« on prétend y comprendre (dans les lois) tout ce
« qui peut être l'objet de responsabilité en général,
« tout ce qui peut faire qu'un ministre fasse tort à
« l'Etat, et soit jugé indigne ou incapable d'exercer
« le pouvoir, on tente une entreprise impraticable.
« Une loi ne saurait prévoir toutes les fautes, toutes
« les erreurs, même graves, qui peuvent être com-
« mises dans la conduite des affaires publiques; et
« le tort fait à l'Etat, quoique réel, n'est souvent
« ni appréciable ni susceptible d'être défini. Il faut
« donc renoncer à convertir d'avance, en cas d'ac-
« cusation, tous les cas possibles de responsa-
« bilité. »

Ainsi, l'impossibilité de tout prévoir devient le titre à tout condamner sans avoir rien prévu ; ainsi on fera des titres d'accusation, des motifs de condamnation d'actes qui ne sont ni appréciables ni définissables. Je ne crois pas qu'il puisse y avoir de maximes plus iniques, plus opposées à toute idée raisonnable de législation et de gouvernement. Quoi ! ce qui serait le comble de l'iniquité envers de simples citoyens, les Ministres y seraient soumis ! les Ministres, que leurs fonctions obligent à une continuelle activité, seront dans une continuelle incertitude sur ce qu'ils ont droit de faire ; il ne sauront jamais si ce qu'ils font est bon ou mauvais ; s'il les met dans le cas d'être accusés et condamnés ! Ce système n'est favorable qu'aux factieux et aux ambitieux qui se trouvent dans les Chambres, auxquels il ouvre une vaste carrière pour harceler de leurs déclamations et de leurs inculpations les Ministres du Roi, et pour entraver toutes les opérations, même les plus sages du gouvernement. Oh ! qu'elle est bien plus sage cette Charte, qui ne soumet les Ministres à la responsabilité envers les Chambres, que dans deux cas bien spécifiés, et dans deux cas où ils ne peuvent pas avoir agi d'après les ordres du Roi, et qui, sur tout le reste, ne les assujétit qu'à la responsabilité envers le Roi !

La responsabilité envers le Roi ! J'ai été étonné, je l'avoue, en lisant le discours de M. le garde-des-sceaux, de ne pas trouver un seul mot qui y fût relatif. Je me garde bien cependant d'imaginer que le ministre du Roi ait voulu se soustraire à la responsabilité vis-à-vis de son maître ; je crois beaucoup plutôt qu'il l'a regardée comme tellement évidente, qu'il a jugé inutile d'en parler. Il est en effet de droit naturel, et dans l'essence de la chose, que celui à qui un pouvoir a été confié, en doive compte au supérieur qui le lui a délégué. Les Ministres sont donc essentiellement, et par la nature même de leur état, responsables de l'exercice de toutes leurs fonctions au Roi qui les en a chargés; mais il est déraisonnable qu'ils le soient à-la-fois et au Roi et aux Chambres. La même administration peut-elle être soumise à la fois à deux autorités différentes? Et quand elles ne s'accorderont pas, je prends la liberté de demander à M. le garde-des-sceaux, à laquelle des deux il croira devoir déférer. Croira-t-il , pour exécuter un ordre du Roi, avoir besoin de l'assentiment des Chambres? (Ce sont ses expressions.) Et quand, ce qui ne peut pas manquer d'arriver quelquefois, le Roi aura approuvé, peut-être ordonné ce que réprouveront les Chambres, à qui son devoir lui prescrira-t-il d'obéir? L'administration de la France peut-elle, à travers de telles entraves, avoir sa marche ferme et assurée ? Je le répéterai encore : elle est bien plus sage que les systèmes qu'on lui oppose, cette Charte, qui prononce textuellement qu'au Roi seul appartient la puissance exécutive. Par là elle donne à cette puissance l'activité nécessaire à elle et à l Etat, et qu'on s'efforce de lui ravir.

En établissant ce système de la double responsabilité des Ministres, M. le garde-des-sceaux aurait dû se fonder sur des preuves très-fortes. Au lieu de cela, il se contente de l'affirmer et de le supposer renfermé dans ce mot indéfini : *Les Ministres sont responsables.* Je rencontre cependant dans son discours une espèce de raisonnement, mais qui est fort extraordinaire. «Supposez un moment (dit-

« il pag. 13), et cette supposition a été réalisée ;
« supposez des Chambres muettes et fermées, in-
« capables de discuter publiquement les proposi-
« tions et les actes de l'autorité ; ne leur laissez que
« le droit d'accuser et de juger les Ministres , et
« prévoyez les conséquences d'un tel ordre de
« choses : ou les accusations seront continuelles ; et
« alors le gouvernement devenu impossible ne tar-
« dera pas à tomber , ou le droit des Chambres ne
« sera pas exercé par des Chambres sans pouvoir
« comme sans crédit ; et alors la responsabilité sera
« illusoire. »

Je reprends les deux propositions de ce dilême.

Quant à la première, à qui persuadera-t-on que
c'est parce que les Chambres auront droit d'accuser
et de juger les Ministres, seulement dans les deux
cas marqués par la Charte, que les accusations seront continuelles? Le contraire n'est-il pas évident?
N'est-il pas plus clair que le jour, que c'est lorsque
le droit d'accusation sur la totalité des actes ministériels sera livré à tous les factieux, à tous les ambitieux des Chambres, que les accusations se multi-
plieront, et que le gouvernement deviendra impossible? car ce que dit, à cet égard, M. le garde-des-
sceaux, est véritable : la multiplicité d'accusations,
soit au Roi, soit aux tribunaux, soit d'une Chambre
à l'autre, qui résultera de son système, rendra le
gouvernement impossible, et ne tardera pas à le
faire tomber.

Par rapport à la seconde proposition du dilême,
je m'étonne qu'on dise sans pouvoir et sans crédit
des Chambres auxquelles la Charte confère la grande
autorité de concourir à la formation des lois, et de

voter l'impôt. Faut-il donc , pour qu'elles aient du pouvoir et du crédit, qu'à la puissance *exécutive* et financière qui leur appartient, elles ajoutent la puissance législative ? Leurs fonctions ne sont-elles pas assez nobles , leur pouvoir assez étendu, sans qu'elles envahissent l'administration que le Roi a réservée à lui *seul ?*

Et quel est donc, je ne dis pas l'objet, le Ministre du Roi ne peut pas en être soupçonné, mais l'effet naturel de cette responsabilité universelle des Ministres, surajoutée à leur responsabilité juridique sur deux faits seulement ? Ce sera d'asservir le Roi aux Chambres, en établissant qu'il ne pourra exercer aucun acte de son administration , qui ne soit soumis à l'examen , au contrôle, au jugement, à la condamnation des Chambres. Il ne pourra, sans leur assentiment, faire rien de ce qu'il s'est réservé spécialement par l'article 14 de sa Charte, nommer les emplois d'administration , déclarer la guerre, faire les traités, etc. Il est étonnant que M. le garde-des-sceaux n'ait pas aperçu ces conséquences nécessaires de son système.

Je viens maintenant à la troisième raison, sur laquelle on fonde la responsabilité universelle des Ministres aux Chambres. C'est l'intérêt de l'État. Les Ministres, dit-on, peuvent abuser de leur pouvoir : il est nécessaire d'y mettre obstacle, d'y porter remède. La responsabilité envers les Chambres aura ce double avantage : la crainte de la responsabilité préviendra les abus ; la responsabilité les réprimera.

Les Ministres peuvent abuser de leur pouvoir ; donc il est nécessaire de soumettre à l'autorité des Chambres tous les actes de leur pouvoir. Singulier raisonnement ! Quelle connexion nécessaire y a-t-il entre le principe et la conséquence ?

Les Ministres peuvent abuser de leur pouvoir. Les abus qu'ils peuvent commettre sont-ils une raison pour mettre obstacle au bien qu'ils peuvent faire, pour entraver, embarrasser, arrêter, par de continuelles inculpations, la marche de leur administration, qui devient nulle, si elle n'est pas très-active et très-ferme ?

Les Ministres peuvent abuser de leur pouvoir. Les Chambres ne pourraient-elles pas abuser de celui qu'on veut leur attribuer ? N'est-il pas plus que probable que tôt ou tard elles en abuseront ? Ne sait-on pas que les corps sont, plus encore que les particuliers, jaloux d'agrandir leur autorité; que l'administration est surtout l'objet qu'ils ont le plus d'ardeur à envahir ?

Les Ministres peuvent abuser de leur pouvoir. Entre les abus qu'ils peuvent en faire, et ceux qui doivent naturellement et presque nécessairement résulter du pouvoir qu'on veut donner aux Chambres, y a-t-il quelque proportion ? Peut-on en faire la comparaison ? Rappelons-nous que ce fut cette criminelle autorité que l'Assemblée de 1789 avait usurpée sur l'administration, qui entraîna les excès auxquels elle se porta, et qui causa tous les maux auxquels la France a été en proie pendant vingt-cinq ans. A peine échappés à ces affreux malheurs, tremblons de nous y replonger.

Les Ministres peuvent abuser de leur pouvoir. Mais il y a un remède à leurs abus : il n'y en a point aux abus que commettraient les Chambres. Le remède aux fautes des Ministres est dans leur responsabilité nécessaire envers le Roi. Croira-t-on qu'ils parviendront à lui cacher leurs erreurs et leurs prévarications? Rapportons-nous en, pour les dénoncer, aux intrigans et aux ambitieux, qui environnent toujours les trônes. Soyons sûrs qu'ils ne manqueront pas de profiter des torts des Ministres pour les attaquer. Ce que nous avons le plus à craindre, c'est le succès de leurs délations injustes artificieusement concertées. Rappelons-nous que deux de nos plus grands Rois furent, d'après des intrigues, près; l'un de disgracier Du Gaesclin, l'autre de destituer Sully. Croit-on aussi que les vœux du public contre des Ministres ou incapables ou coupables ne parviendront pas au souverain? On citerait bien peu de Ministres qui aient tenu en place contre l'opinion publique. Mais, d'un autre côté, quel remède aura-t-on quand les Chambres, et surtout celle des députés, seront ou factieuses, ou dominées par des factieux? Proposera-t-on comme un préservatif de ce danger le pouvoir qu'a une Chambre de balancer l'autre, quand elles seront, chacune de son côté, armées du terrible pouvoir de refuser l'impôt?

L'argument tiré des fautes que peuvent commettre les Ministres, pèche donc principalement en ce qu'à cet abus on propose pour remède un mal plus grave, plus certain, plus irrémédiable.

Il me reste à examiner, ainsi que je l'ai annoncé au commencement de cet écrit, l'article 4 du projet de loi. Les deux premiers alinéa de cet article expriment assez justement les divers cas de trahison. Mais le troisième alinéa est ainsi conçu : *Un Ministre se rend coupable de trahison..... lorsque, par des actes personnels, ou par des ordres émanés de lui, ou contre-signés par lui, il at-*

tente aux droits consacrés par *les articles* 4, 5, 8 *et* 9 *de la Charte constitutionnelle.* Ces quatre articles que le projet de loi rappelle, et qu'il qualifie de trahison, sont ceux qui concernent la liberté individuelle, la liberté des cultes, la liberté de la presse, la sûreté des propriétés.

Sans doute les atteintes portées par des Ministres à ces droits des citoyens sont des délits, même des crimes. Mais tout crime n'est pas une trahison. Or, certainement, dans aucun pays, dans aucun temps, on n'a appelé trahison ces attentats contre les droits civiques. C'est, je ne dis pas seulement abuser des mots, mais c'est changer absolument la signification des mots, de donner le nom de trahison à ce qui n'a jamais porté le nom de trahison.

L'art. 56 de la Charte porte que des lois particulières spécifieront cette nature de délits. Cela dit clairement que les lois spécifieront en détail ce qui est trahison. Mais cet article ne porte pas, ne peut pas porter que les lois appelleront trahison ce qui n'a jamais été appelé ainsi ; qu'elles créeront de nouveaux genres de trahisons. Ce sont les diverses manières dont les Ministres peuvent trahir, que des lois particulières doivent spécifier, dans toute leur intégrité, mais avec une juste précision, sans en omettre, sans en ajouter.

Dans la Chambre des Députés de 1815, un projet de loi semblable à celui-ci avait été proposé. Pour le justifier, on imagina de dire, qu'attenter aux droits consacrés par la loi constitutionnelle, c'est trahir la loi constitutionnelle. Je demande sur cela ce que c'est que trahir une loi. Je conçois parfaitement ce que c'est que trahir le Roi ou l'État. J'entends aussi ce que veut dire enfreindre une loi.

Mais je ne comprends pas la trahison d'une loi. Si l'infraction d'une loi est une trahison de la loi, tout crime, tout délit sera trahison ; car tout délit est l'infraction d'une loi. Qu'est-ce qu'un système qu'on ne peut fonder que sur l'abus des mots et la confusion des idées ?

On a dit encore que le Ministre qui viole quelqu'un des droits civiques que le Roi l'a chargé de maintenir, trahit la confiance du Roi ; qu'il peut par conséquent être poursuivi comme coupable de trahison. C'est encore ici une fausse et dangereuse application du mot trahison. Pour le sentir, il n'y a qu'à l'appliquer à toutes les fautes que peut commettre un Ministre dans son administration. Il n'y en a pas une qui ne soit un mauvais usage, un abus de l'autorité que le Roi lui a confiée. On peut donc dire de cette prévarication comme de celle relative aux droits civiques, que le Ministre trahit la confiance du Roi. On pourra donc, pour toute espèce de faute dans l'administration, l'accuser comme coupable de trahison Ce n'était pas la peine de dire que les Ministres ne peuvent être accusés que pour fait de trahison et de concussion, si tout délit de leur part est une trahison. De même il était déraisonnable d'annoncer que des lois particulières spécifieraient ce qui est trahison, si tout est trahison.

Mais, dit-on, les violations des droits civiques par les Ministres resteront-elles impunies ?

Dans un précédent écrit, j'ai répondu à cette difficulté. N'y a-t-il donc d'autre moyen, pour réprimer les vexations que peuvent commettre les Ministres, que de les livrer eux-mêmes aux vexations des ambitieux et des factieux qui se trouveront dans les Chambres ? J'ai proposé de charger soit le ministère public, soit les parties intéressées, de faire réparer le tort qui leur aurait été fait, de les autoriser à poursuivre juridiquement devant les tribunaux les Ministres oppresseurs, en les affranchissant des formalités dont la législation actuelle entrave ce genre de poursuite.

Contre ce moyen de répression, qui est en soi juste et naturel, j'ai entendu proposer une objection. Si on livre les Ministres sans obstacle aux accusations juridiques de tous ceux qui voudront se plaindre d'eux, on les verra continuellement attaqués pour les sujets les plus frivoles, et souvent pour les causes les plus injustes. Cette continuité de procès à soutenir, d'attaques à repousser, n'est-elle pas un très-grand mal et pour l'activité nécessaire à la marche du gouvernement, et pour la considération du ministère, si essentielle à l'administration ?

Je conviens que l'inconvénient objecté a de la réalité ; mais je réponds qu'il s'agit ici de comparer inconvénient à inconvénient : car, quel est l'ordre de choses humaines qui n'en ait pas ? Or, je soutiens qu'entre le système qui, érigeant en trahison toutes les vexations des ministres, les soumet à l'accusation et au jugement des Chambres, et celui qui porte aux tribunaux réguliers cette accusation et ce jugement, il n'y a aucune proportion, aucune comparaison. Le premier de ces inconvéniens est d'abord le même que le second ; ensuite est beaucoup plus grave ; enfin est plus irrémédiable.

1° Livrés aux accusations des membres des Chambres, sur leurs actes ministériels, les Ministres peuvent pareillement être continuellement attaqués par eux sur les raisons les plus légères et les plus injustes. Ils pourront l'être: ils le seront. Peut-on douter qu'il ne se trouve presque toujours, ou dans l'une, ou dans l'autre des Chambres, souvent dans les deux, des personnes que l'inimitié, la vengeance, l'ambition, l'esprit de faction animeront contre les Ministres, feront rechercher avec malignité, accuser avec âcreté, tout ce qui, dans leurs actions, pourra avoir l'apparence d'un tort?

2° Les individus qui se prétendraient lésés par les Ministres, seront souvent retenus dans leurs accusations injustes auprès des tribunaux, par la crainte de la honte de succomber, par la crainte de faire dévoiler leurs propres fautes, par la crainte de s'attirer des ennemis puissans. Mais quel frein retiendra le pair ou le député malveillant, envieux, ambitieux, factieux, qui restera toujours enveloppé dans son inviolabilité? Quel mal résultera pour lui d'une accusation téméraire ou calomnieuse?

3° Mais en supposant que les considérations morales que je viens d'exposer, et d'autres encore qu'on pourrait y ajouter, ne suffisent pas pour contenir un accusateur audacieux et déhonté, je proposerai un autre moyen : c'est que la loi, qui donnera à tout citoyen lésé par un Ministre, le droit de le poursuivre librement devant les tribunaux, soumette l'accusateur qui succombera à une forte amende. Alors nul ne sera assez hardi pour intenter une accusation sans preuves.

Ici je dois prévenir une autre objection en sens contraire. Si les Ministres ne peuvent être accusés pour leurs vexations que par les intéressés, n'est-il pas à craindre qu'ils ne le soient jamais, et qu'aucun n'ait l'audace de les attaquer, surtout s'il court le risque de l'amende, en cas d'éviction ? De plus, si les Ministres ne peuvent être jugés, dans ces cas, que par les tribunaux, n'est-il pas à craindre qu'ils ne soient jamais condamnés, et que leur grand crédit les fasse constamment absoudre ?

Et pourquoi donc croire que des juges inamovibles seront des juges iniques, et se laisseront donner pour règle de leurs jugemens le désir de plaire ou la crainte de déplaire à des hommes puissans ? Il faut réfléchir que le procès intenté à un Ministre pour vexation, sera toujours un procès d'éclat, qu'il sera discuté avec une grande publicité, qu'il deviendra l'objet de l'intérêt général, le sujet de toutes les conversations : il sera jugé par le public avant de l'être par le tribunal. Or, de cette publicité il résultera indubitablement, en premier lieu, que les Ministres n'oseront pas se rendre coupables de lésions, qui seraient divulguées, et les exposeraient à la haine et au mépris du public ; en second lieu, que les particuliers n'oseront pas accuser les Ministres, s'ils n'ont pas à produire de très-fortes preuves ; en troisième lieu, que les juges n'oseront pas prononcer des arrêts d'absolution contre la persuasion générale du crime du Ministre.

Je résume maintenant ce que je viens de dire.

J'ai, dans ce présent écrit, discuté deux articles du projet de loi présenté par M. le garde-des-sceaux, sur la responsabilité ministérielle, le premier et le quatrième.

Sur le premier article du projet, après avoir relevé quelques inexactitudes de citation, j'ai examiné les trois raisons sur lesquelles on le fonde.

La première, sur laquelle on l'établit, consiste à dire que nous avons un gouvernement représentatif, et que la responsabilité universelle des Ministres est dans la nature de ce gouvernement.

J'ai combattu ces deux propositions.

En premier lieu, j'ai recherché la vraie notion du mot gouvernement représentatif, qu'on répète sans cesse, et qu'on ne définit jamais. J'ai exposé d'abord la signification stricte et littérale de cette expression, ensuite les sens moins propres qu'on peut lui donner ; et j'ai soutenu qúe, dans quelque acception qu'on le prenne, il ne peut pas être appliqué à notre gouvernement.

J'ai aussi examiné l'expression de gouvernement constitutionnel, qu'on veut rendre synonyme du gouvernement représentatif; et je crois avoir montré que ce mot peut avoir plusieurs sens, puisqu'il peut exister des monarchies constitutionnelles diverses ; qu'il n'est donc pas raisonnable de tirer de cette expression vague une conséquence absolue et tranchante.

En second lieu, passant à la seconde proposition du raisonnement, j'ai dit 1° que, puisqu'on n'est pas d'accord sur ceux qui sont les représentans de la nation, on ne peut pas assujétir les Ministres à la responsabilité envers ces représentans. J'ai dit, 2° que la représentation pouvant être générale ou partielle, il faudrait, pour établir une responsabilité universelle, prouver que la représentation s'étend à toutes les parties du gouvernement : ce que non seulement on ne prouve pas, mais ce qui est réprouvé par la Charte.

Le second motif sur lequel on fonde la responsabilité universelle des Ministres , est que la Charte constitutionnelle l'établit.

A près avoir rapporté les trois seuls articles de la Charte où il est fait mention de la responsabilité des Ministres , j'ai soutenu d'abord que ce mot vague , et susceptible de plusieurs sens, qu'on lit dans l'article 13 , *les Ministres sont responsables* , ne prouve ni leur responsabilité aux Chambres, ni leur responsabilité sur toute l'administration. J'ai soutenu ensuite que cette universalité de responsabilité est repoussée et par l'art. 13 même qui réserve au Roi *seul* la puissance exécutive, et par les articles 55 et 56 qui soustraient les Ministres à toute accusation , excepté dans les seuls cas de trahison et de concussion.

J'ai combattu ensuite le système d'une double responsabilité, l'une générale, l'autre juridique.

J'ai dit que cette responsabilité générale, 1° plus importante que l'autre , devait être au moins aussi clairement énoncée, et ne l'est pas du tout; 2° qu'illusoire, si elle n'amène pas des accusations, elle est contraire à la Charte si elle en fait naître; 3° qu'elle est souverainement inique en ce qu'elle porte sur des cas qui ne peuvent être définis ; 4° qu'elle dépouille le Roi de son administration, et la fait passer aux Chambres.

Le troisième motif sur lequel on appuie la responsabilité univerelle des Ministres aux Chambres, est qu'ils peuvent abuser de leur pouvoir.

A cela j'ai répondu : 1° la possibilité des abus du pouvoir ministériel n'est pas un titre de juridiction aux Chambres ; 2° elle n'est pas non plus une raison pour empêcher les Ministres de faire le bien en rendant l'administration impossible, par les entraves qu'on y mettrait ; 3° les abus que feraient les Chambres du pouvoir qu'on leur attribue, sont plus certains et seraient plus funestes ; 4° aux abus des Ministres il y a des remèdes ; ceux des Chambres sont irrémédiables.

J'ai enfin examiné le troisième alinéa de l'art. 4 du projet de loi, lequel qualifie de trahisons les atteintes portées par les Ministres aux droits des citoyens consacrés par la Charte.

J'ai dit que ce genre de crimes n'est pas et n'a été, dans aucun pays et dans aucun temps, appelé crime de trahison.

J'ai répondu à deux argumens par lesquels on a prétendu justifier cette qualification ; lesquels sont, qu'attenter aux droits civiques, c'est trahir la loi et la confiance du Roi.

A un autre raisonnement, qui consiste à dire que les violations des droits civiques ne doivent pas rester impunies, j'ai répondu en proposant de les faire juger par les tribunaux ordinaires.

Contre ce moyen j'ai prévenu deux objections en sens opposés : l'une, que le renvoi aux tribunaux ordinaires livrerait les Ministres à une multitude d'accusations qui nuiraient et à la considération dont leur ministère a besoin, et à l'activité nécessaire à la marche du gouvernement ; l'autre, au contraire, que la crainte de la puissance des Ministres empêcherait les citoyens lésés de les accuser, et les juges de les condamner.

A la première de ces difficultés, j'ai répondu que l'inconvénient des accusations multipliées serait d'abord le même, ensuite plus grave, enfin plus irrémédiable en les permettant aux Chambres, qu'en y autorisant les particuliers.

Sur la seconde, j'ai dit que la publicité qu'aura toujours le procès fait à un ministre l'empêchera de commettre des vexations, retiendra les accusateurs téméraires, et forcera les juges à une justice exacte.

FIN.

ADRIEN EGRON, IMPRIMEUR

DE S. A. R. MONSEIGNEUR DUC D'ANGOULÊME,

rue des Noyers, n° 37.